escuela - məktəp	2
viaje - səyəxət	5
transporte - transport	8
ciudad - şəhər	10
paisaje - tirə-yün	14
restaurante - restoran	17
supermercado - supermarket	20
bebida - eçemleklər	22
comida - azıq	23
granja - çeftlek	27
casa - yort	31
cuarto de estar - qunaq bülməse	33
cocina - aş bülməse	35
cuarto de baño - yuınu bülməse	38
cuarto de los niños - bala bülməse	42
vestimenta - kiyem	44
oficina - ofis	49
economía - iqtisad	51
ocupaciones - hönərlər	53
herramientas - ələtlər	56
instrumentos musicales - muzıka alətləre	57
zoológico - xaywan baqçası	59
deporte - sport törləre	62
actividades - itkenleklər	63
familia - ğailə	67
cuerpo - tən	68
hospital - xastaxanə	72
emergencia - kiçektergesez xəl	76
Tierra - Cir	77
reloj - səğət	79
semana - atna	80
año - yıl	81
formas - şəkellər	83
colores - töslər	84
opuestos - qapma-qarşılıqlar	85
números - sannar	88
idiomas - tellər	90
quién / qué / cómo - kem / nərsə / niçek	91
donde - qayda	92

Impressum
Verlag: BABADADA GmbH, Nedderfeld 112 , 22529 Hamburg
Geschäftsführer / Verlagsleitung: Harald Hof
Druck: Books on Demand GmbH, In de Tarpen 42, 22848 Norderstedt

Imprint
Publisher: BABADADA GmbH, Nedderfeld 112 , 22529 Hamburg, Germany
Managing Director / Publishing direction: Harald Hof
Print: Books on Demand GmbH, In de Tarpen 42, 22848 Norderstedt

escuela
məktəp

- dividir / bülü
- mesa / taqta
- aula / sıynıf bülməse
- patio de escuela / məktəp ixatası
- docente / uqıtuçı
- papel / kəğəz
- escribir / yazarğa
- bolígrafo / qələm
- escritorio / östəl
- regla / sızğıç
- libro / kitap
- alumno / uquçı

mochila escolar
buqça

caja de lápices
qələmdan

lápiz
qırandaş

sacapuntas
qələm oçlağıç

goma de borrar
betergeç

bloc de dibujo
rəsem dəftərə

dibujo
rəsem

pincel
pumala

caja de pinturas
buyawlar tartması

tijera
qayçı

pegamento
cilem

libro de ejercicios
dəftər

tarea
öy eşe

número
san

sumar
quşu

restar
alu

multiplicar
tapqırlaw

calcular
iseplew

letra
xəref

alfabeto
əlifba

palabra
süz

escuela - məktəp

texto
tekst

leer
uqırğa

tiza
aqbur

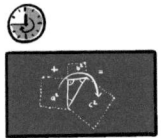
lección
dəres

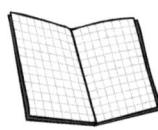
libro de clase
sıynıf jurnalı

examen
imtixan

certificado
sertifikat

uniforme escolar
məktəp forması

educación
məğərif

enciclopedia
ensiklopediyə

universidad
universitə

microscopio
mikroskop

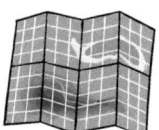
mapa
xarita

cesto de papeles
çüp qəğəz çiləge

escuela - məktəp

viaje
səyəxət

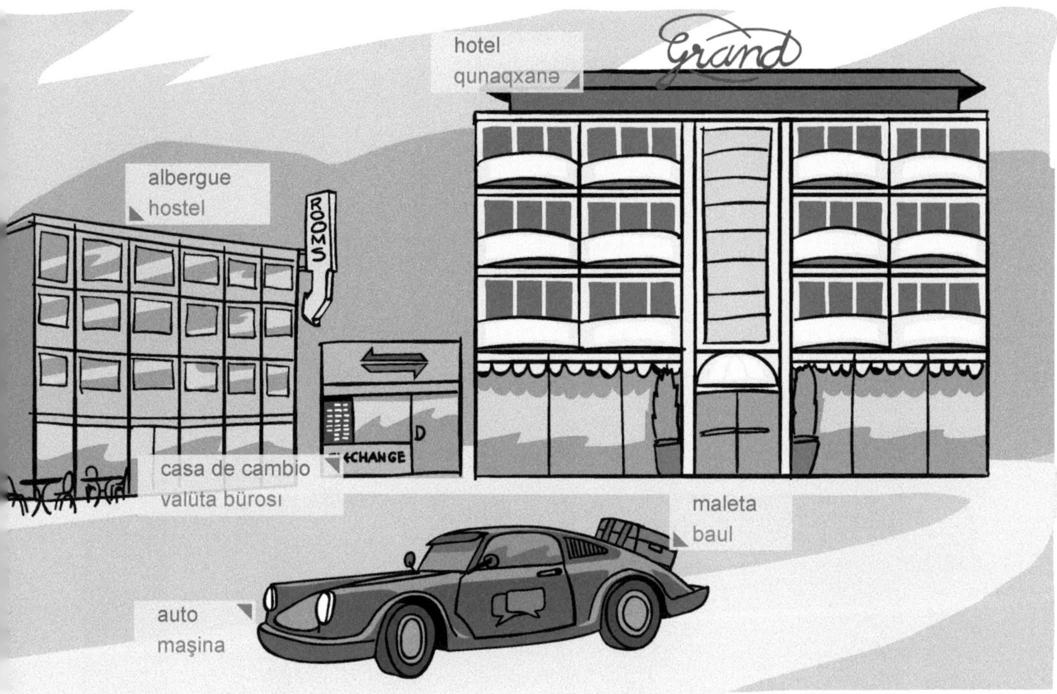
hotel
qunaqxanə
Grand
albergue
hostel
ROOMS
EXCHANGE
casa de cambio
valüta bürosı
maleta
baul
auto
maşina

idioma

tel

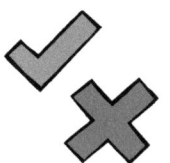

sí / no

əye / yuq

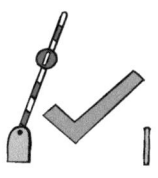

ok

yarar

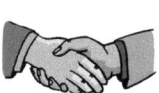

hola

isənmesez

intérprete

tərceməçe

gracias

Rəxmət

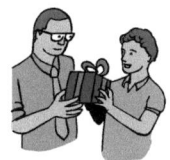

¿Cuánto cuesta...?

... küpme tora?

No entiendo

min añlamıym

problema

problem

¡Buenas tardes!

Xəyerle kiç!

¡Buenos días!

Xəyerle irtə!

¡Buenas noches!

Tınıç yoqı!

adiós

saw bulığız

dirección

yünəleş

equipaje

bagaj

bolso

buqça

mochila

biştər

invitado

qunaq

cuarto

bülmə

saco de dormir

yoqı qapçığı

tienda de campaña

çatır

viaje - səyəxət

información al turista
turist məğlüməte

playa
qomsal

tarjeta de crédito
kredit kərte

desayuno
irtənge aş

almuerzo
töşlek

cena
kiçke aş

pasaje
bilet

ascensor
lift

sello
marka

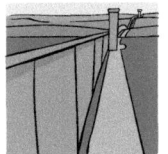
límite
çik

aduana
tamğaxanə

embajada
ilçelek

visa
viza

pasaporte
pasport

viaje - səyəxət

transporte
transport

balsa
boram

lancha
köymə

motocicleta
motosiklət

auto de policía
polisə maşınası

auto de carreras
uzış maşınası

auto de alquiler
kiralıq maşına

alquiler de autos
karşering

grúa
tartuçı

vehículo recolector de basura
çüp töyəre

motor
motor

gasolina
yağulıq

gasolinera
benzinlek

señal de tráfico
trafik bilgese

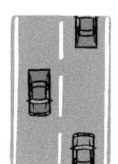
tránsito
xərəkət

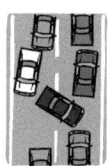
atasco
böke

estacionamiento
parking

estación de tren
stansa

carril
rəy

tren
trən

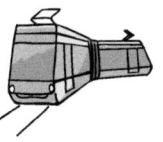
tranvía
tramway

vagón
vagon

transporte - transport

helicóptero	aeropuerto	torre
boralaq	hawa alanı	manara

pasajero	contenedor	caja de cartón
yulçı	konteyner	alap

carro	cesta	despegar / aterrizar
yök arbası	səbət	qalqu / töşü

ciudad
şəhər

aldea	centro de la ciudad	casa
awıl	şəhər üzəge	yort

cabaña
alaçıq

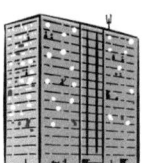

apartamento
fatir

estación de tren
stansa

ayuntamiento
şəhər xakimiyətе

museo
yədkərxanə

escuela
məktəp

ciudad - şəhər

universidad
universitə

banco
bank

hospital
xastaxanə

hotel
qunaqxanə

farmacia
daruxanə

oficina
ofis

librería
kitap kibete

negocio
kibet

florería
çəçək kibete

supermercado
supermarket

mercado
bazar

grandes almacenes
zur kibet

pescadería
balıq kibete

centro comercial
səwdə üzəge

puerto
liman

ciudad - şəhər

parque
park

banco
eskəmiyə

puente
küper

escalera
basqıç

metro
metro

túnel
tunnel

parada de autobuses
awtobus tuqtalışı

bar
bar

restaurante
restoran

buzón de correo
yamıl tartması

letrero
uram bilgese

parquímetro
parking sanağıçı

zoológico
xaywan baqçası

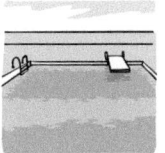

piscina
xəwezxanə

mezquita
məçet

ciudad - şəhər

granja
çeftlek

polución
kerlelek

cementerio
zirat

iglesia
çirkəw

parque infantil
uyın alanı

templo
ğibädätxanä

paisaje
tirə-yün

- hoja / yafraq
- indicador de camino / yul kürsətkeçe
- sendero / yul
- pradera / bolın
- piedra / taş
- árbol / ağaç
- caminante / yöreşçe
- río / yılğa
- pasto / ülən
- flor / çəçək

valle üzən	montaña qalqulıq	lago kül
	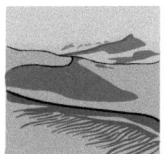	
bosque urman	desierto çül	volcán yanartaw

castillo nığıtma	arco iris salawat küpere	seta gömbə

palmera palma	mosquito çerki	mosca çeben

hormiga qırmısqa	abeja bal qortı	araña ürməküç

escarabajo
qoñğız

rana
baqa

ardilla
tiyen

erizo
kerpe

liebre
quyan

lechuza
yabalaq

pájaro
qoş

cisne
aqqoş

jabalí
qaban duñğızı

ciervo
bolan

alce
poşıy

embalse
tuan

aerogenerador
cir turbinı

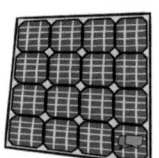
módulo solar
qoyaş panele

clima
iqlim

16   paisaje - tirə-yün

restaurante
restoran

- camarero / tabınçı
- carta del menú / saylaq
- silla / urındıq
- sopa / aş
- pizza / pitsa
- cubiertos / çəneçke-pıçaq taqımı
- mantel / aşyawlıq

entrada
qabımlıq

plato principal
töp aşamlıq

postre
tatlı

bebida
eçemleklər

comida
azıq

botella
şəşə

restaurante - restoran

comida rápida
fastfud

comida callejera
uram rizığı

tetera
çəygün

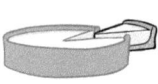

azucarera
şikər sawıtı

porción
salım

máquina de espresso
espresso maşini

silla alta
biyek urındıq

factura
xisap

bandeja
töger

cuchillo
pıçaq

tenedor
çəneçke

cuchara
qaşıq

cuchara de té
çəy qaşığı

servilleta
tastımal

vaso
tustağan

restaurante - restoran

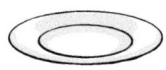
plato
tabaq

plato de sopa
aş tabağı

platillo
cəypək

salsa
sous

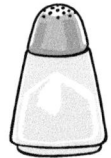
salero
toz sawıtı

molinillo para pimienta
borıç tegerməne

vinagre
serkə

aceite
sıyıq may

especias
təmlətkeç

ketchup
ketçup

mostaza
xərdəl

mayonesa
mayonez

restaurante - restoran

supermercado
supermarket

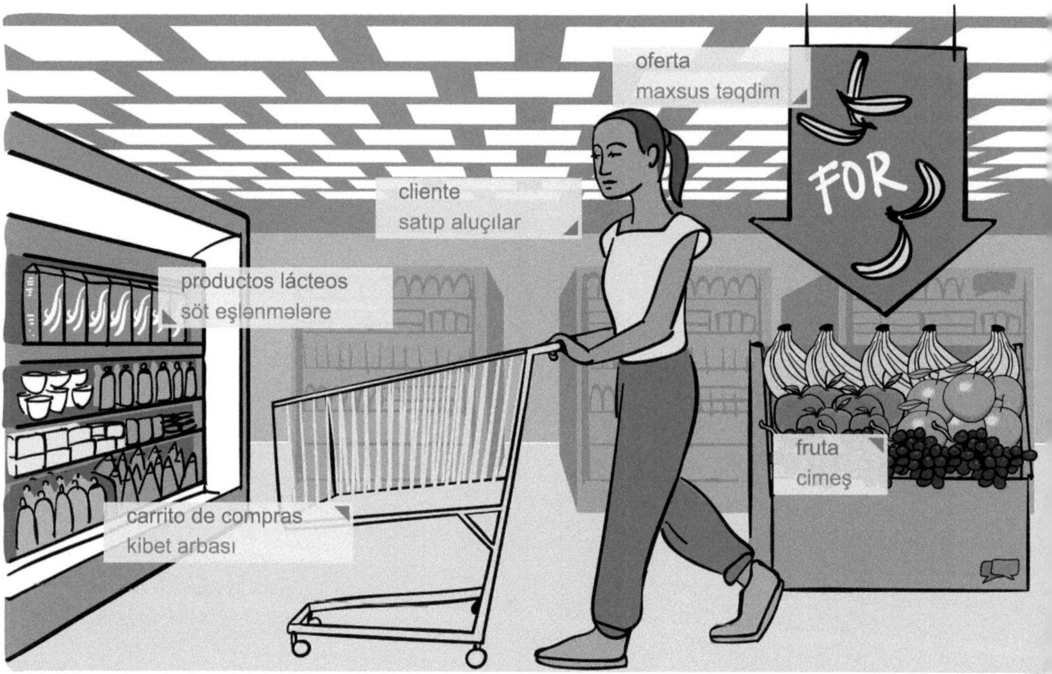

oferta
maxsus təqdim
FOR
cliente
satıp aluçılar
productos lácteos
söt eşlənmələre
fruta
cimeş
carrito de compras
kibet arbası

BUTCHERS

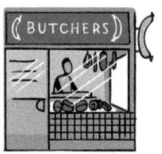

carnicería
it kibete

BAKERY

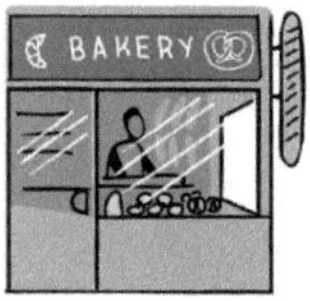

panadería
ikməkxanə

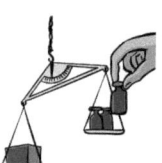

pesar
ülçəw

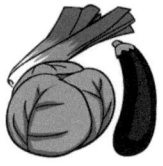

verdura
yəşelçə

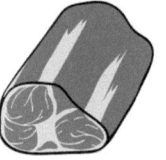

carne
it

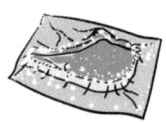

alimentos congelados
tuñdırılğan aşamlıqlar

fiambre
suıq it

conservas
kənsirləngən aşamlıq

detergente en polvo
ker tuzı

dulces
şikərlemələr

artículos domésticos
öy eşlənmələre

productos de limpieza
təmizlek eşlənmələre

vendedora
satuçı

caja
yazuçı kassa

cajero
kassir

lista de compras
satıp alu isemlege

horario de atención
eş waqıtı

cartera
qalta

tarjeta de crédito
kredit kərte

maleta
buqça

bolsa plástica
plastik qapçıq

supermercado - supermarket

bebida
eçemləklər

agua

su

jugo

sut

leche

söt

refresco de cola

kola

vino

şərəb

cerveza

sıra

alcohol

xəmer

cacao

kakao

té

çəy

café

qəhwə

espresso

espresso

cappuccino

kapuçino

comida
azıq

banana
banan

manzana
alma

naranja
əflisun

sandía
qarbız

limón
limon

zanahoria
kişer

ajo
sarımsaq

bambú
bambu

cebolla
suğan

seta
gömbə

nueces
çikləweklər

fideos
toqmaç

comida - azıq

espagueti

spagetti

arroz

döge

ensalada

salat

patatas fritas

çips

patatas salteadas

qızdırılğan bərəñge

pizza

pitsa

hamburguesa

hamburger

sándwich

sandwiç

escalope

kətlit

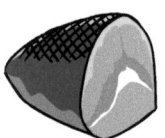

jamón

ветчина

salame

salami

embutido

sosis

pollo

tawıq ite

asado

qızdırma

pescado

balıq

copos de avena
solı izməse

musli
müsli

copos de maíz tostado
məkkəy keterdege

harina
on

croissant
kruassan

panecillo
ipi tügərəge

pan
ikmək

tostada
tost

galletas
kətərməç

mantequilla
may

cuajada
eremçek

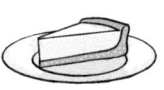
pastel
kəyk

huevo
yomırqa

huevo frito
təbə

queso
pəynir

comida - azıq

helado	azúcar	miel
tuñdırma	şikər	bal

mermelada	praliné	curry
qaynatma	şokolad izməse	karri

granja
çeftlek

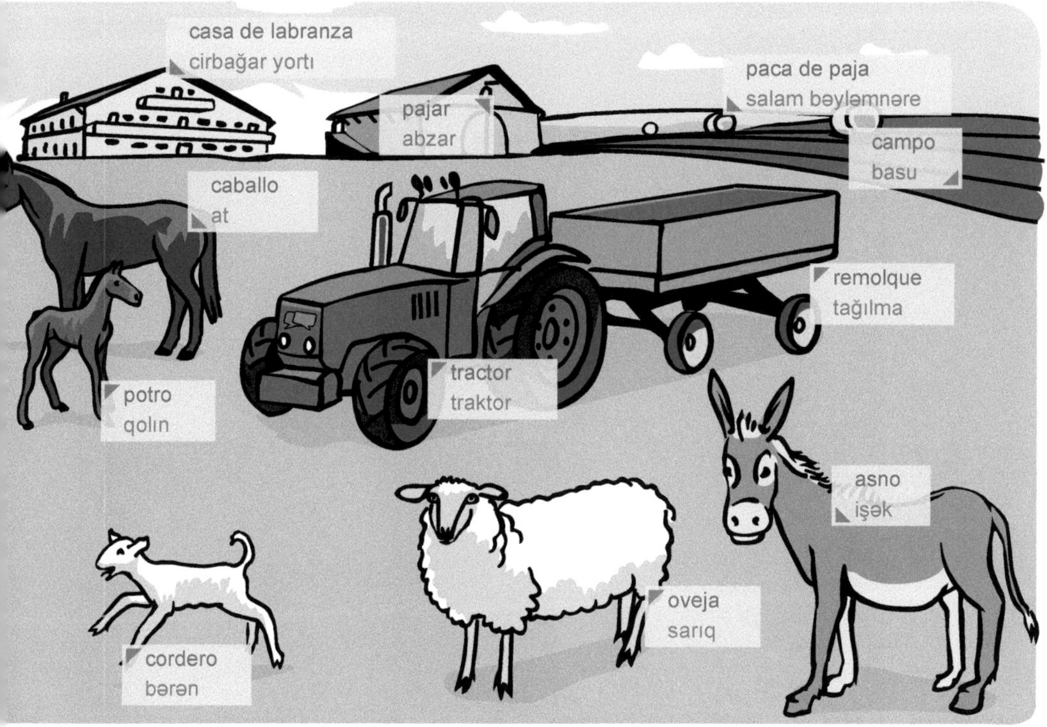

casa de labranza
cirbağar yortı

pajar
abzar

paca de paja
salam bəylomnəre

campo
basu

caballo
at

remolque
tağılma

potro
qolın

tractor
traktor

asno
işək

cordero
bərən

oveja
sarıq

cabra

kəcə

vaca

sıyır

ternero

bozaw

cerdo

duñğız

lechón

duñğız balası

toro

ügez

granja - çeftlek

ganso
qaz

pato
ürdək

polluelo
çebi

pollo
tawıq

gallo
ətəç

rata
küse

gato
pesi

ratón
tıçqan

buey
eş ügeze

perro
et

caseta del perro
et oyası

manguera de riego
baqça xortumı

regadera
susipkeç

guadaña
çalğı

arado
saban

granja - çeftlek

hoz
uraq

azada
kitmən

bieldo
sənək

hacha
balta

carretilla
qul arbası

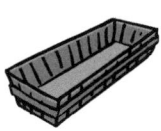

abrevadero
tağaraq

lechera
süt çiləge

saco
qapçıq

cerca
qoyma

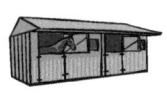

establo
abzar

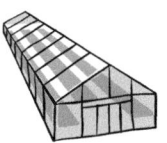

invernadero
essexanə

suelo
tufraq

semilla
orlıq

fertilizante
aşlama

cosechadora
kombayn

granja - çeftlek

cosechar
uñış cıyarğa

cosecha
uñış

raíz de ñame
yam

trigo
boday

soja
soya

patata
bərəñge

maíz
məkkəy

colza
raps

Árbol frutal
cimeş ağaçı

mandioca
manyok

cereales
börteklelər

granja - çeftlek

casa
yort

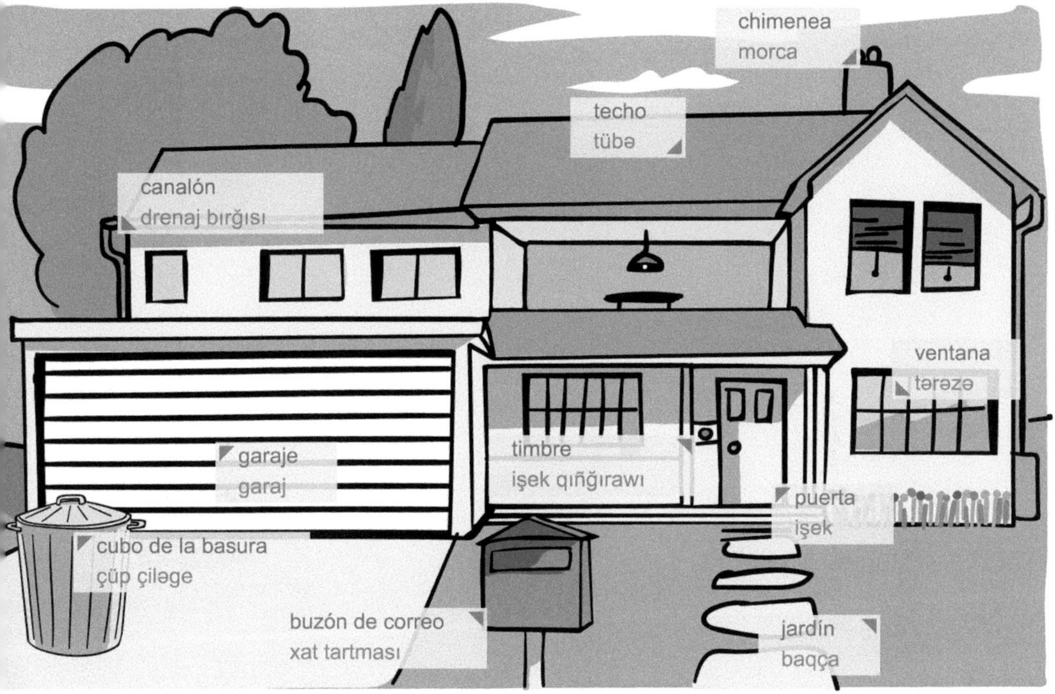

chimenea
morca

techo
tübə

canalón
drenaj bırğısı

ventana
tərəzə

garaje
garaj

timbre
işek qıñğırawı

puerta
işek

cubo de la basura
çüp çiləge

buzón de correo
xat tartması

jardín
baqça

cuarto de estar
qunaq bülməse

cuarto de baño
yuınu bülməse

cocina
aş bülməse

dormitorio
yataq bülməse

cuarto de los niños
bala bülməse

comedor
aş bülməse

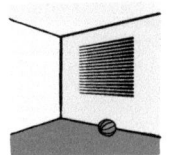
piso
idän

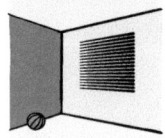
pared
diwar

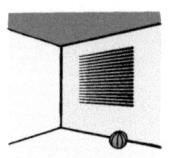
cielorraso
tüşəm

sótano
tülə

sauna
sawna

balcón
balkon

terraza
teras

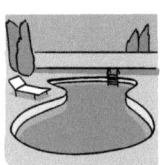
piscina
xəwez

cortacésped
çirəmçapqıç

funda nórdica
cəymə

edredón
yataq yapması

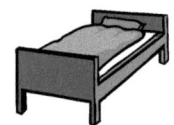
cama
yataq

escoba
seberke

cubo
çilək

interruptor
özgeç

cuarto de estar
qunaq bülməse

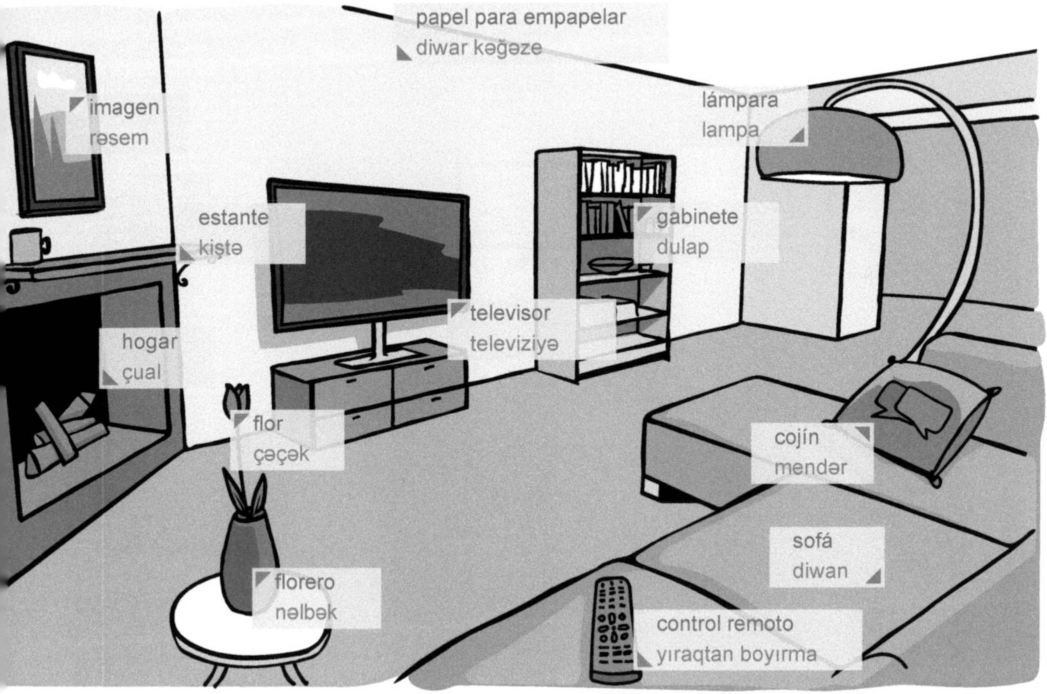

- imagen / rəsem
- papel para empapelar / diwar kəğəze
- lámpara / lampa
- estante / kiştə
- gabinete / dulap
- hogar / çual
- televisor / televiziyə
- flor / çəçək
- cojín / mendər
- sofá / diwan
- florero / nəlbək
- control remoto / yıraqtan boyırma

alfombra
keləm

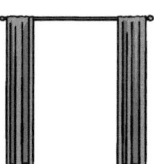
cortina
pərdə

mesa
östəl

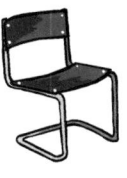
silla
urındıq

mecedora
tirbəlmə urındıq

sillón
kənəfi

libro
kitap

frazada
yapma

decoración
dekor

leña
utın

film
film

equipo estereofónico
hi-fi

llave
açqıç

periódico
gəcit

cuadro
sürət

póster
poster

radio
radio

bloc de notas
quyın dəftəre

aspiradora
tuzansuırğıç

cactus
kaktus

vela
şəm

cuarto de estar - qunaq bülməse

cocina
aş bülməse

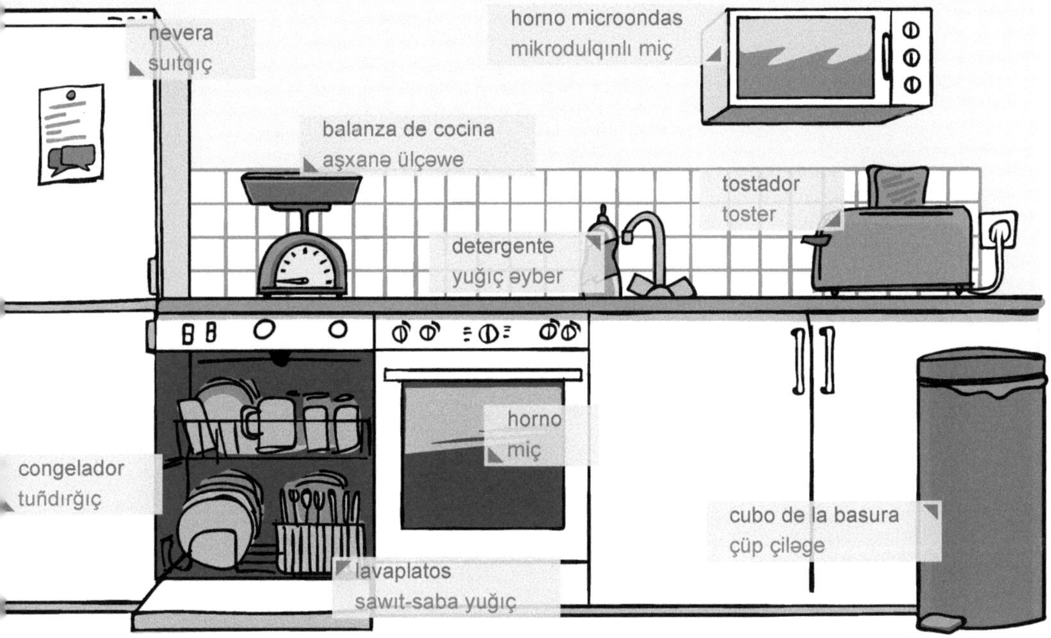

- nevera / suıtqıç
- horno microondas / mikrodulqınlı miç
- balanza de cocina / aşxanə ülçəwe
- tostador / toster
- detergente / yuğıç əyber
- congelador / tuñdırğıç
- horno / miç
- cubo de la basura / çüp çiləge
- lavaplatos / sawıt-saba yuğıç

cocina
əwsək

olla
sağan

olla de fundición de hierro

çuyın sağan

wok / kadai
wok

sartén
taba

hervidor de agua
çəygün

olla de vapor

bulı peşergeç

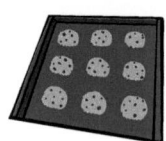

bandeja de horno

qalay

vajilla

sawıt-saba

vaso

təgəç

bol

kəsə

palillos para comer

aşaw tayaqçıqları

cucharón de sopa

ucaw

espátula

spatula

batidor

tuğlağıç

colador

sözgeç

cedazo

ilək

rallador

qırğıç

mortero

kile

parrillada

barbekü

fogata

açıq uçaq

cocina - aş bülməse

tabla de picar
taqta

rodillo
uqlaw

sacacorchos
böke suırğıç

lata
metal tartma

abrelatas
kənsir açqıç

agarrador
miç biyələye

fregadero
kirşən

cepillo
fırça

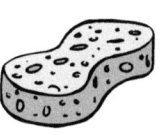

esponja
bolıt

batidora
blender

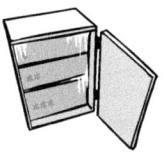

arcón congelador
tirən tuñdırğıç

biberón
imezlekle şeşə

grifo
çömək

cocina - aş bülməsə

cuarto de baño
yuınu bülməse

calefacción
cılıtu

ducha
duş

toalla
sölge

cortina para ducha
duş pərdəse

baño de espuma
kübekle vanna

bañera
vanna

vaso
tustağan

lavadora
ker yuğıç

baldosa
fayans

grifo
çömək

orinal
lazemlek

fregadero
kirşən

cuarto de baño
bədrəf

placa turca
törekçə bədrəf

bidé
bide

urinario
pissuar

papel higiénico
bədrəf kəğəze

escobilla para el cuarto de baño
bədrəf fırçası

cepillo de dientes

teş fırçası

pasta dentífrica

teş məğcüne

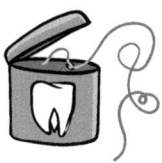

seda dental

teş cebe

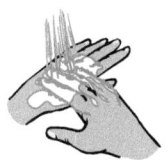

lavar

yuarğa

ducha teléfono

duş başlığı

ducha higiénica

duş

cuenco

kirşən

cepillo para la espalda

arqa fırçası

jabón

sabın

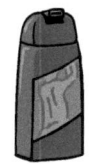

gel de ducha

duş señəle

champú

şampun

manopla para baño

munçala

desagüe

ağım

crema

krem

desodorante

dezodorant

cuarto de baño - yuınu bülməse

espejo
közge

espejo de maquillaje
qul közgese

máquina de afeitar
östərə

espuma de afeitar
qırınu kübege

loción para después del afeitado
qırınu losyonı

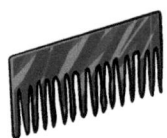

peine
taraq

cepillo
fırça

secador para cabello
fön

laca de peinado
çəç sprəye

maquillaje
makiyaj

lápiz labial
iren innege

laca para uñas
tırnaq cələse

algodón
mamıq

tijera para uñas
tırnaq qayçısı

perfume
xuşbuy

cuarto de baño - yuınu bülməse

neceser
makiyaj buqçası

taburete
utırğıç

balanza
ülçəw

bata de baño
çoba

guantes de goma
rezin iləsə

tampón
tampon

compresa
higiyenik pəd

wáter químico
kimiyəwi bədrəf

cuarto de baño - yuınu bülməse

cuarto de los niños
bala bülməse

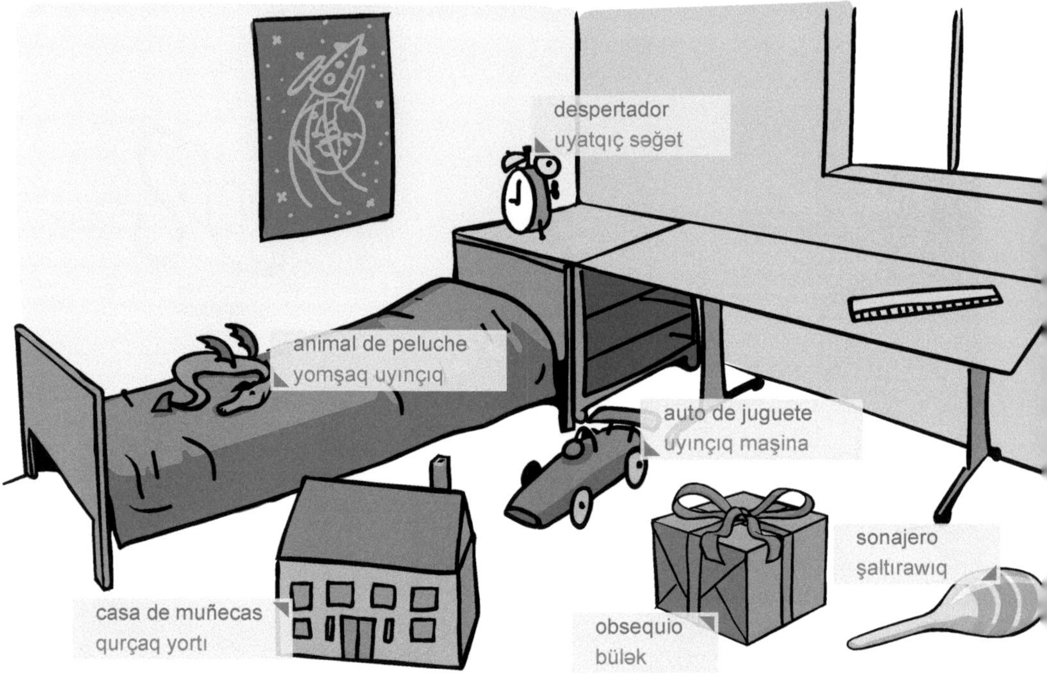

despertador
uyatqıç səğət
animal de peluche
yomşaq uyınçıq
auto de juguete
uyınçıq maşina
sonajero
şaltırawıq
casa de muñecas
qurçaq yortı
obsequio
bülək

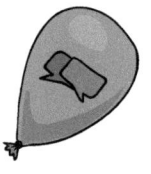

globo

hawa şarı

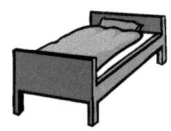

cama

yataq

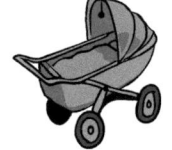

cochecito para niños

bəbi arbası

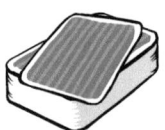

juego de barajas

kərt dəstəse

rompecabezas

pazl

SUPER
MEGA

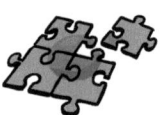

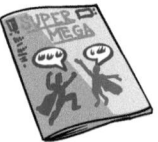

cómic

komiks

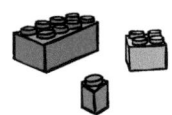
piezas de Lego
lego kirpeçləre

bloques para jugar
şaqmaqlar

figura de acción
uyın sınçığı

pijama de una pieza
zıbın

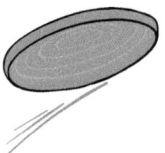
frisbee
frisbi

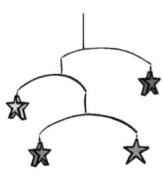
móvil
mobil

juego de mesa
östəl uyını

dado
uyın taşı

tren eléctrico a escala
trən modele cıyılması

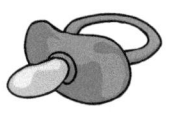
chupete
imezlek

fiesta
kiçə

libro de dibujos
rəsemle kitap

pelota
tup

títere
qurçaq

jugar
uynarğa

cuarto de los niños - bala bülməse

arenero
qomlıq

columpio
tağan

juguetes
uyınçıqlar

consola de videojuego
uyın quşması

triciclo
öç köpçəkle səpid

osito de peluche
uyınçıq ayu

guardarropa
kiyem dulabı

vestimenta
kiyem

calcetines
oyıqbaş

medias
oyıq

panti
oyığıştan

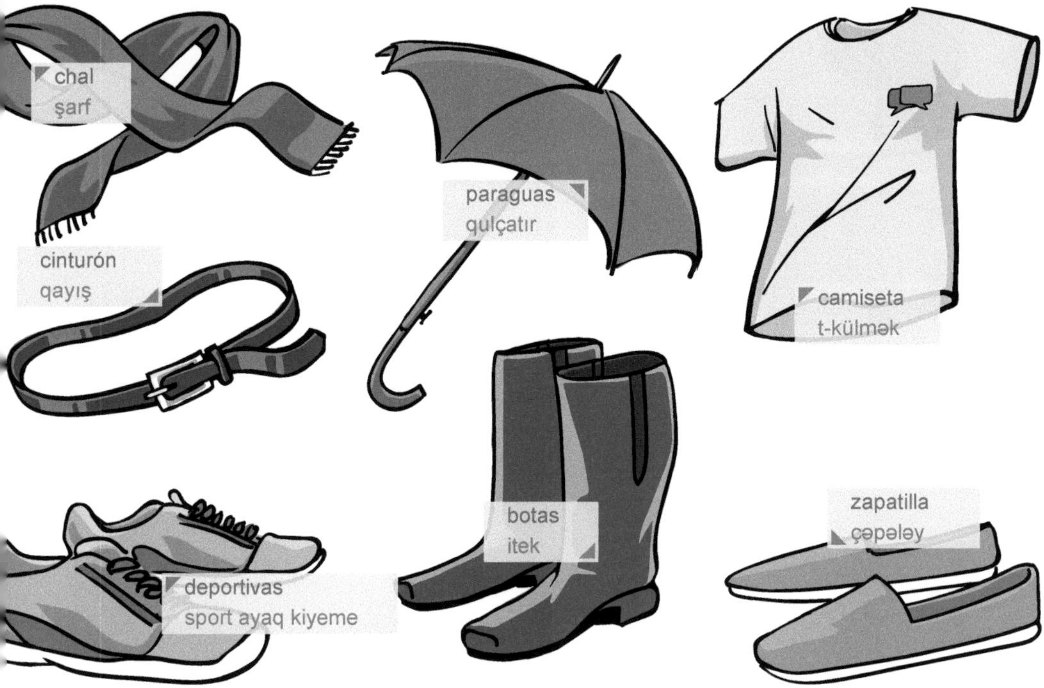

chal
şarf

paraguas
qulçatır

camiseta
t-külmək

cinturón
qayış

botas
itek

zapatilla
çəpələy

deportivas
sport ayaq kiyeme

sandalias
sandallar

zapatos
ayaq kiyeme

botas de goma
rezin itek

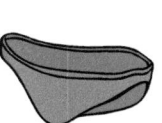

ropa interior
tənban

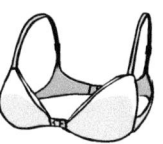

corpiño
tüşti

camiseta
cələk

vestimenta - kiyem

body
bodi

pantalón
çalbar

jeans
jins

falda
itək

blusa
bluz

camisa
külmək

pullover
sviter

sweater
hudi

blazer
bleyzer

chaqueta
jaket

abrigo
bişmət

impermeable
yañğırlıq

traje chaqueta
kəçtüm

vestido
külmək

vestido de bodas
tuy külməge

traje
taqım kiyem

camisón
tönge külmək

pijama
pijama

sari
sari

pañuelo de cabeza
yawlıq

turbante
çalma

burka
burqa

caftán
çapan

abaya
abaya

traje de baño
qoyınu kiyeme

bañador
yözü tənbanı

shorts
şort

chándal
sport kiyeme

delantal
alyapqıç

guante
iləsə

vestimenta - kiyem

botón
töymə

gafa
küzlek

brazalete
beləzek

cadena
muyınsa

anillo
baldaq

aro
alqa

gorra
kəpəç

percha
elgeç

sombrero
eşləpə

corbata
muyınbaw

cierre a cremallera
zıncır

casco
oçlam

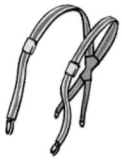

tiradores
çalbar asması

uniforme escolar
məktəp forması

uniforme
forma

vestimenta - kiyem

babero
balalar kükrəkçəse

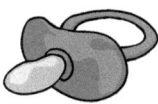
chupete
imezlek

pañal
küzələ

oficina
ofis

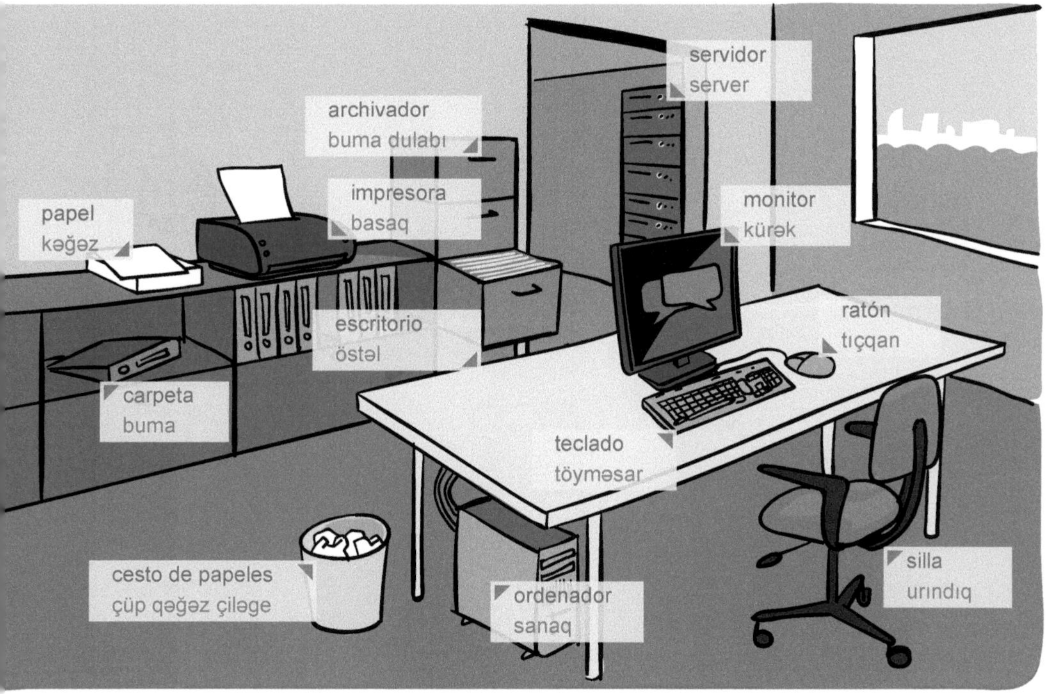

- servidor / server
- archivador / buma dulabı
- impresora / basaq
- papel / kəğəz
- monitor / kürək
- escritorio / östəl
- ratón / tıçqan
- carpeta / buma
- teclado / töyməsar
- cesto de papeles / çüp qəğəz çiləge
- ordenador / sanaq
- silla / urındıq

taza de café
qəhwə təgəçe

calculadora
sansanar

internet
internet

oficina - ofis

laptop
ləptop

carta
xat

mensaje
xəbər

teléfono móvil
kesə telefonı

red
çeltər

fotocopiadora
fotokopyaçı

software
program təminatı

teléfono
telefon

tomacorriente
ayırğıç

máquina de fax
faks

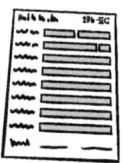
formulario
form

documento
dokument

oficina - ofis

economía
iqtisad

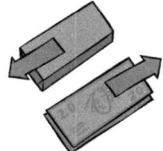
comprar
satıp alırğa

pagar
tülərgə

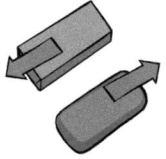
comerciar
səwdə itərgə

dinero
aqça

dólar
dollar

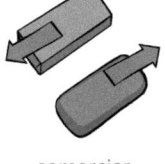
euro
euro

yen
yen

rublo
sum

franco
frank

renminbi
yuan

rupia
rupi

cajero automático
bankomat

casa de cambio

valüta bürosı

oro

altın

plata

kömeş

petróleo

qaramay

energía

energiyə

precio

bəyə

contrato

kontrakt

impuesto

salım

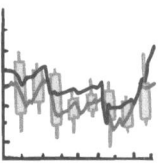

acción

stok

trabajar

eşlərgə

empleado

eşce

empleador

eş birüçe

fábrica

fabrika

negocio

kibet

economía - iqtisad

ocupaciones
hönərlər

policía / polisə xezmətkərə

bombero / yangın sünderüçe

cocinero / aşçı

médico / tabib

piloto / oçuçı

jardinero
baqçaçı

carpintero
ağaç ostası

costurera
tegüçe

juez
xökemçe

químico
kimiyəçe

actor
aktor

ocupaciones - hönərlər

conductor de autobús	taxista	pescador
awtobus yörtüçe	taksiçe	balıqçı

mujer de la limpieza	techista	camarero
cıyıştıruçı xatın	tübə yabuçı	tabınçı

cazador	pintor	panadero
awçı	rəssam	ikməkçe

electricista	albañil	ingeniero
elektrçı	tözüçe	möhəndis

carnicero	fontanero	cartero
itçe	çöməkçe	yamılçı

ocupaciones - hönərlər

soldado

ğəskəri

arquitecto

miğmar

cajero

kassir

florista

çəçəkçe

peluquero

çəctaraş

cobrador

konduktor

mecánico

mekanik

capitán

kapitan

odontólogo

teş tabibı

científico

ğalim

rabino

rabbi

imam

imam

monje

kəşiş

párroco

ruxani

ocupaciones - hönərlər

55

herramientas
ələtlər

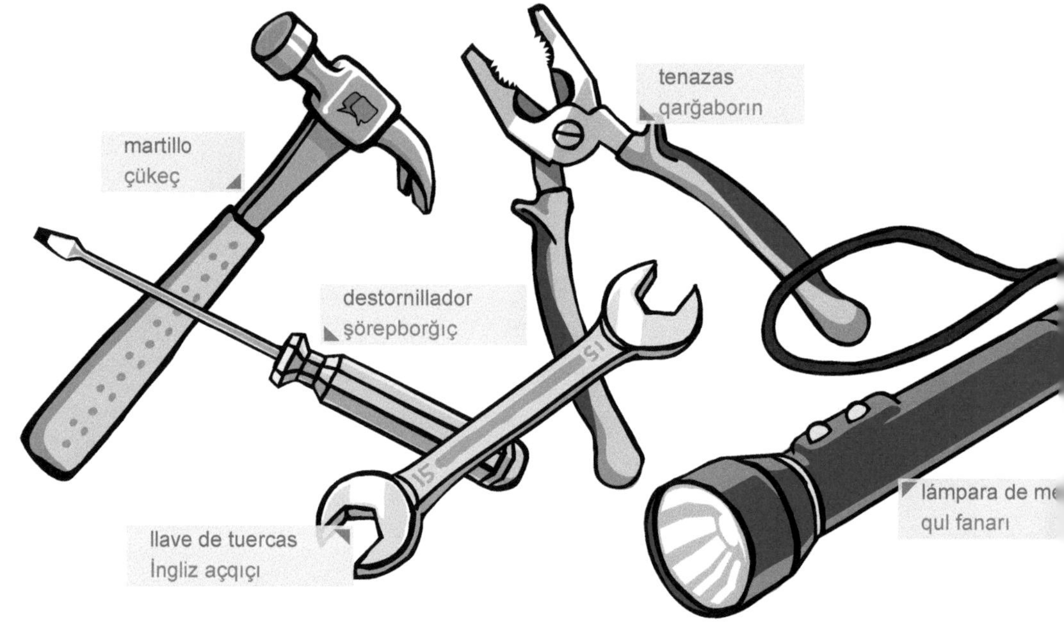

martillo
çükeç

tenazas
qarğaborın

destornillador
şörepborğıç

llave de tuercas
İngliz açqıçı

lámpara de m(
qul fanarı

excavadora

qazu maşinası

caja de herramientas

ələt buqçası

escalerilla

basqıç

serrucho

pıçqı

clavos

qadaqlar

taladro

dril

reparar
tözəterge

pala
körək

¡Maldición!
Şaytan alğırı!

recogedor
sosqı

lata de pintura
buyaw sawıtı

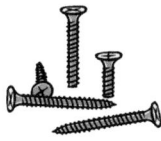
tornillos
mıqlar

instrumentos musicales
muzıka alətləre

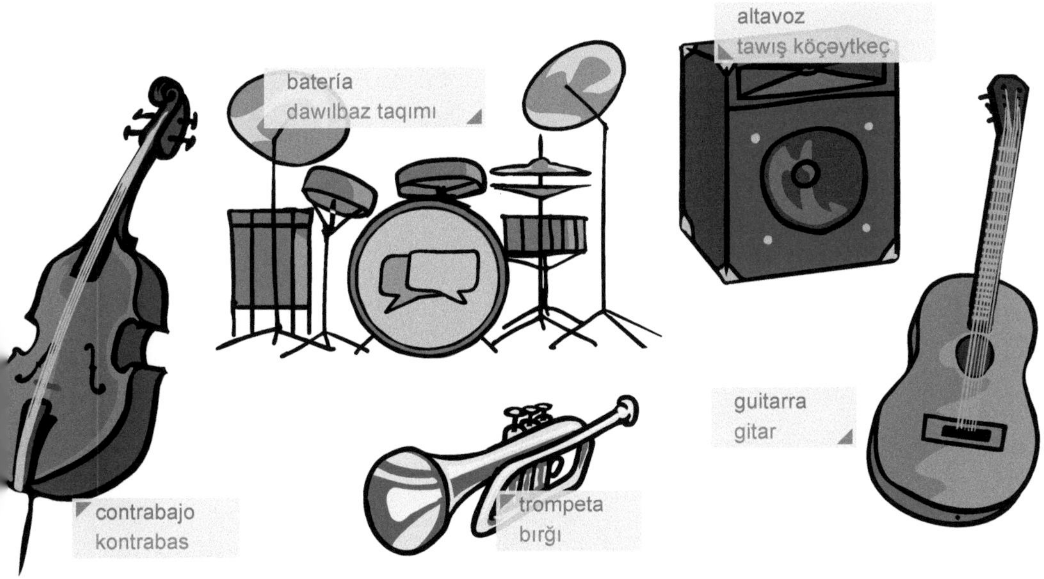

- contrabajo / kontrabas
- batería / dawılbaz taqımı
- altavoz / tawış köçəytkeç
- trompeta / bırğı
- guitarra / gitar

piano	violín	bajo
piano	kəmən	bas gitar

timbales	tambor	teclado
timpani	dawılbaz	töyməsar

saxofón	flauta	micrófono
saksofon	flüt	mikrofon

instrumentos musicales - muzıka alətlərе

zoológico
xaywan baqçası

entrada
kerü

tigre
yulbarıs

jaula
çitlek

cebra
zebra

comida para animales
terlek azığı

panda
panda

animales
xaywannar

elefante
fil

canguro
köngerə

rinoceronte
kərkədən

gorila
gorilla

oso
ayu

camello
döyə

avestruz
təwə qoşı

león
arıslan

mono
maymıl

flamengo
flamingo

papagayo
tutıy qoş

oso polar
aq ayu

pingüino
pingwin

tiburón
küpek balığı

pavo real
tawis

serpiente
yılan

cocodrilo
timsax

cuidador del zoológico
xaywan baqçası xezmətkəre

foca
suete

jaguar
yaguar

zoológico - xaywan baqçası

pony
poni

leopardo
qaplan

hipopótamo
su ayğırı

jirafa
zörəfə

águila
börket

jabalí
qaban duñğızı

pescado
balıq

tortuga
taşbaqa

morsa
morşa

zorro
tölke

gacela
ğəzəl

zoológico - xaywan baqçası

deporte
sport törləre

fútbol americano / Amerika futbolı
ciclismo / səpid
tenis / tennis
baloncesto / basketbol
natación / yözü
boxeo / boks
hockey sobre hielo / xokkey

fútbol / futbol

badminton / badminton

atletismo / atletika

balonmano / handbol

esquí / çañğı

polo / polo

actividades
itkenleklər

- reír / kölərgə
- abrazar / qoçaqlarğa
- altar / ikerergə
- cantar / cırlarğa
- caminar / yörergə
- soñar / xıyallanırğa
- rezar / ğibədət qılırğa
- besar / übergə

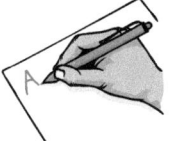
escribir
yazarğa

dibujar
rəsem yasarğa

mostrar
kürsətergə

presionar
etərgə

dar
birergə

tomar
alırğa

tener

iyə bulırğa

hacer

eşlərgə

ser

bulırğa

estar de pie

basıp torırğa

correr

yögerergə

tirar

tartırğa

arrojar

taşlarğa

caer

yığılırğa

estar acostado

yatarğa

esperar

kötərgə

llevar

taşırğa

estar sentado

utırırğa

vestirse

kiyenergə

dormir

yoqlarğa

despertar

uyanırğa

actividades - itkenləklər

mirar
qararğa

llorar
yılarğa

acariciar
sıyparğa

peinarse
tararğa

conversar
söyləşergə

entender
añlarğa

preguntar
sorarğa

oír
tıñlarğa

beber
eçərgə

comer
aşarğa

asear
cıyıştırınırğa

amar
söyərgə

cocinar
peşerergä

conducir
sörergə

volar
oçarğa

actividades - itkenleklər

navegar
diñgezgə açılu

calcular
isəpləw

leer
uqırğa

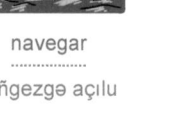
aprender
öyrənergə

trabajar
eşlərgə

casarse
öylənergə

coser
tegərgə

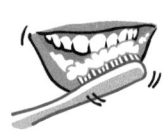
limpiarse los dientes
teş fırçalarğa

matar
üterergə

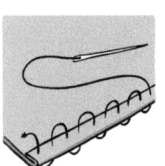
fumar
təməke tartırğa

enviar
cibərergə

66   actividades - itkenleklər

familia
ğailə

- abuela / əbi
- abuelo / babay
- padre / ata
- madre / ana
- bebé / sabıy
- hija / qız
- hijo / ul

invitado
qunaq

tía
apa

tío
abıy

hermano
abıy / ene

hermana
apa / señel

familia - ğailə

cuerpo
tən

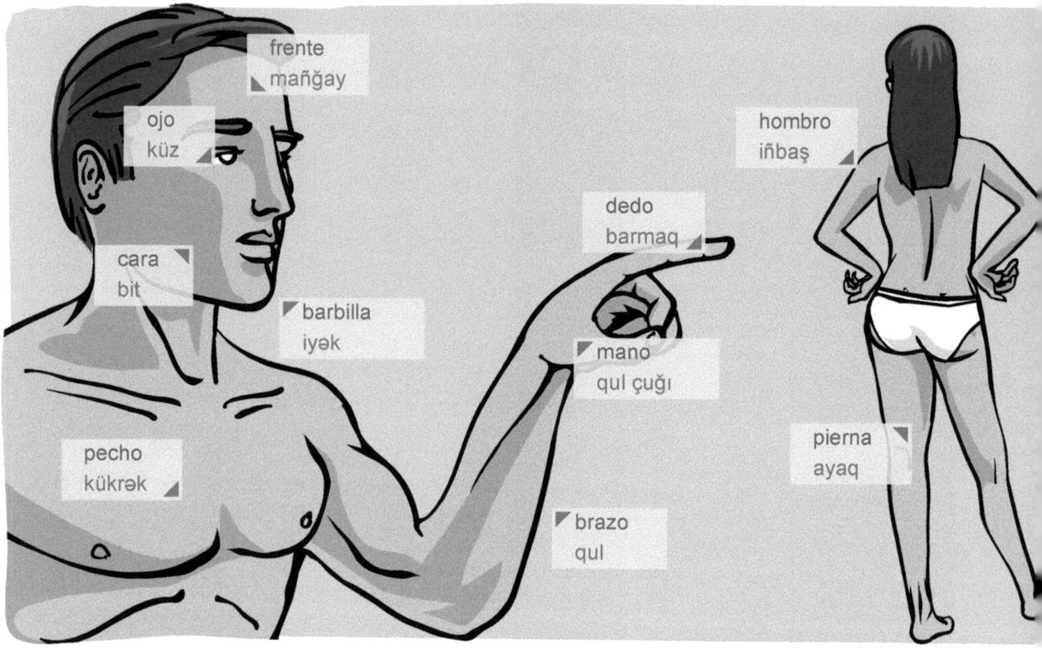

frente
mañğay

ojo
küz

hombro
iñbaş

dedo
barmaq

cara
bit

barbilla
iyək

mano
qul çuğı

pecho
kükrək

pierna
ayaq

brazo
qul

bebé

sabıy

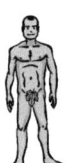

hombre

ir

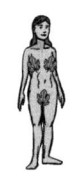

mujer

xatın

muchacha

qız

joven

malay

cabeza

baş

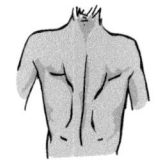

espalda
arqa

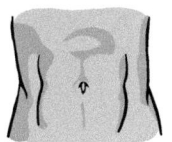

vientre
eç

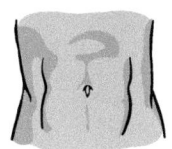

ombligo
kendek

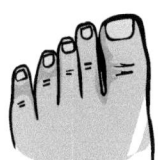

dedo del pie
ayaq barmağı

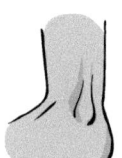

talón
ükçə

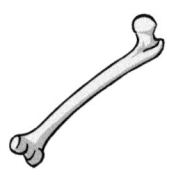

hueso
söyək

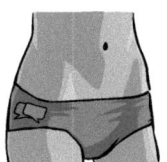

cadera
bot

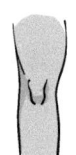

rodilla
tez

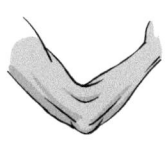

codo
tersək

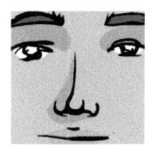

nariz
borın

trasero
art san

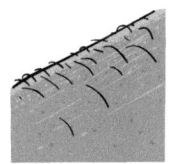

piel
tire

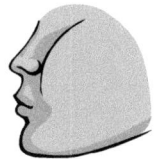

mejilla
yañaq

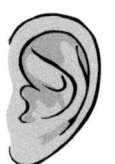

oreja
qolaq

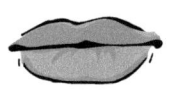

labio
iren

cuerpo - tən

boca
awız

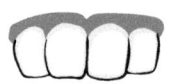

diente
teş

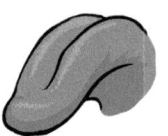

lengua
tel

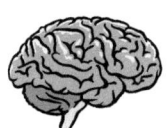

cerebro
mi

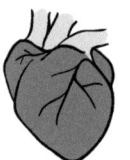

corazón
yörək

músculo
ğəzlə

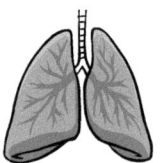

pulmón
üpkə

hígado
bawır

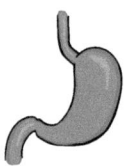

estómago
aşqazanı

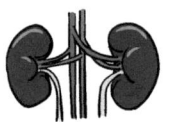

riñones
böyerlər

relación sexual
seks

condón
prezervativ

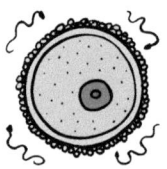

Óvulo
kükəy küzənək

esperma
məni

embarazo
kömən

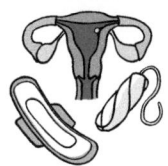

menstruación
kürem

vagina
vagina

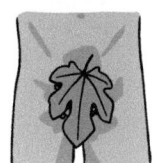

pene
penis

ceja
qaş

cabello
çəçlər

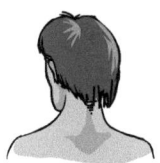

cuello
muyın

hospital
xastaxanə

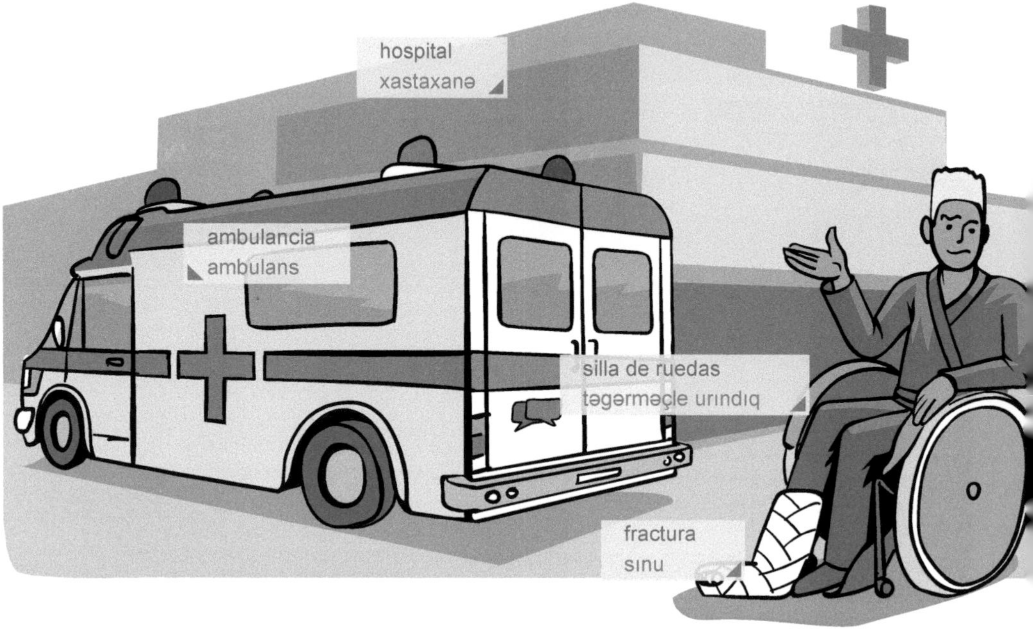

- hospital / xastaxanə
- ambulancia / ambulans
- silla de ruedas / təgərməcle urındıq
- fractura / sınu

médico
tabib

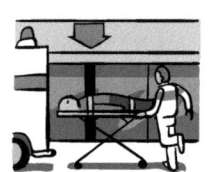

admisión de urgencia
aşığıç yərdəm bülməse

enfermera
şəfqət tutaşı

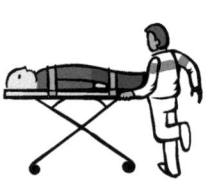

emergencia
kiçektergesez xəl

inconsciente
añsız

dolor
awırtu

lesión
cərəxətlənü

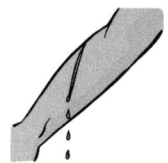
hemorragia
qan ağu

infarto de miocardio
infarkt

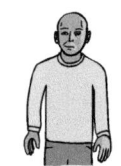
apoplejía cerebral
insult

alergia
allergiyə

tos
yütəl

fiebre
qızu

gripe
grip

diarrea
eç kitü

dolor de cabeza
baş awırtu

cáncer
yaman şeş

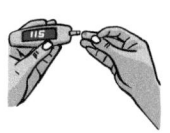
diabetes
diabet

cirujano
xirurg

escalpelo
skalpel

operación
ğəməliyət

hospital - xastaxanə

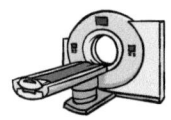 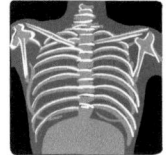 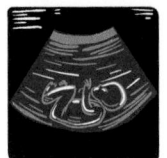

TC	rayos X	ultrasonido
ST	röntgen	ultratawış

máscara	enfermedad	sala de espera
bitlek	awıru	kötü bülməse

muleta	emplasto	vendaje
qultıq tayağı	plaster	bəyləweç

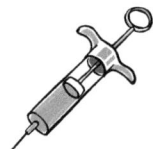 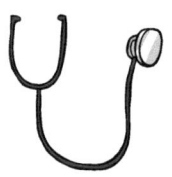 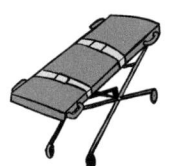

inyección	estetoscopio	camilla
qadaw	stetoskop	sədiyə

termómetro	nacimiento	sobrepeso
klinik termometr	tuu	artıq awırlıq

hospital - xastaxanə

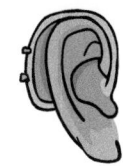

audífono

işetü cihazı

desinfectante

dezinfektant

infección

yoğış

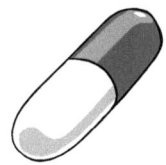

virus

virus

VIH / SIDA

KİV / BİDS

medicina

daru

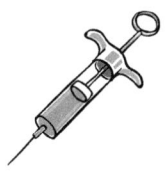
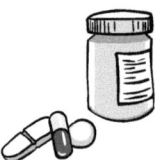

vacunación

vaksinalanu

comprimido

tabletlər

píldora anticonceptiva

kontraseptiv tablet

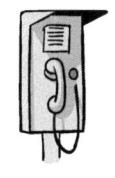

ımada de emergencia

aşığıç çaqıru

medidor de presión arterial

qan basımı ülçəgeçe

enfermo / saludable

awıru / sələmət

hospital - xastaxanə

emergencia
kiçektergesez xəl

¡Ayuda!
Qotqarığız!

alarma
xəwef tawışı

asalto
höcüm

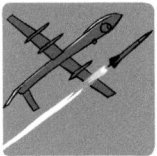

ataque
höcüm

peligro
qurqınıç

salida de emergencia
aşığıç çığu

¡Fuego!
Yanğın!

extintor
ut sündergeç

accidente
qaza

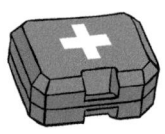

kit de primeros auxilios
berençe yərdəm buqçası

SOS
SOS

Policía
polisə

Tierra
Cir

Europa
Awrupa

América del Norte
Tönyaq Amerika

América del Sur
Könyaq Amerika

África
Afrika

Asia
Asya

Australia
Awstralya

Atlántico
Atlantik okean

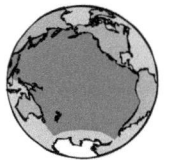
Pacífico
Tın okean

Océano Índico
Hind okeanı

Océano Antártico
Antarktik okean

Océano Ártico
Arktik okean

Polo Norte
Tönyaq qotıp

Polo Sur
Könyaq qotıp

Antártida
Antarktika

Tierra
Cir

país
qorı cir

mar
diñgez

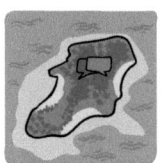
isla
utraw

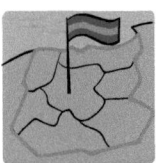
nación
millet

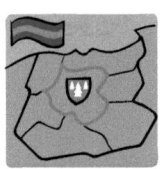
Estado
dəwlət

reloj
səğət

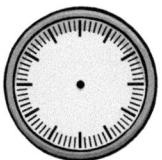

cuadrante
səğət bite

horario
səğət uğı

minutero
minut uğı

segundero
sekund uğı

¿Qué hora es?
Səğət niçə?

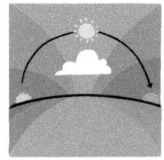

día
kön

tiempo
waqıt

ahora
xəzer

reloj digital
dijital səğət

minuto
minut

hora
səğət

semana
atna

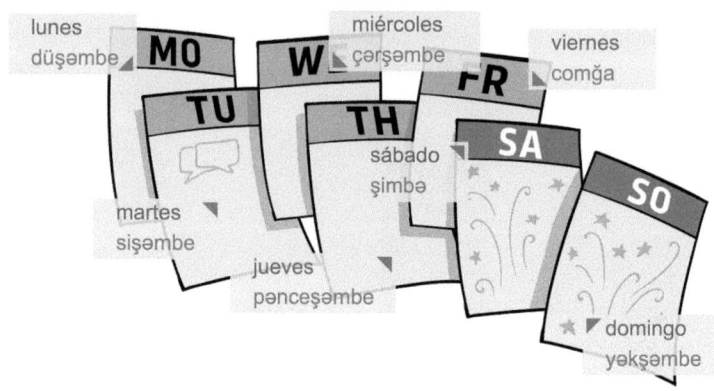

lunes / düşəmbe — MO
martes / sişəmbe — TU
miércoles / çərşəmbe — W
jueves / pəncəşəmbe — TH
viernes / comğa — FR
sábado / şimbə — SA
domingo / yekşəmbe — SO

ayer
kiçə

hoy
bügen

mañana
irtəgə

mañana
irtə

mediodía
töş

tarde
kiç

jornada de trabajo
eş könnəre

fin de semana
yal könnəre

año

yıl

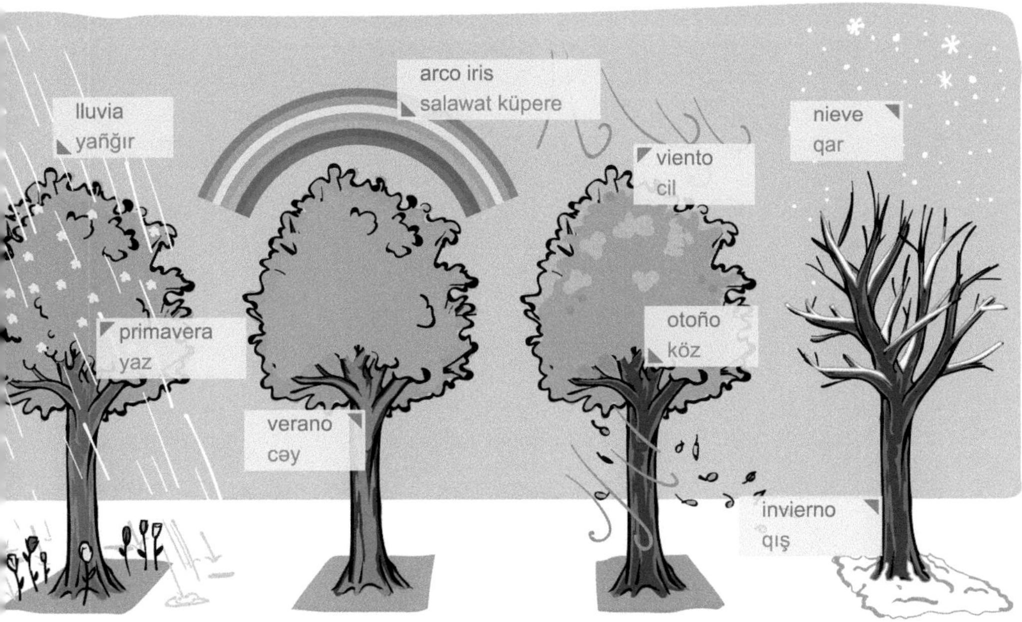

lluvia
yañğır
arco iris
salawat küpere
nieve
qar
viento
cil
primavera
yaz
otoño
köz
verano
cəy
invierno
qış

4.APRIL 11°
5.APRIL 4°
6.APRIL 13°
7.APRIL 8°
8.APRIL 10°

nóstico meteorológico

hawa torışı

F C
120 90 60 30 0 -30
40 30 20 10 0 -10 -20

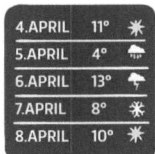

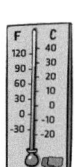

termómetro

termometr

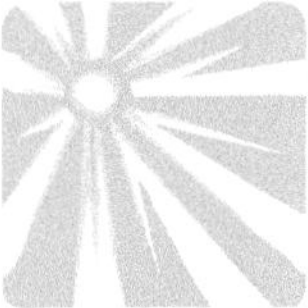

luz solar

qoyaş yaqtısı

nube

bolıt

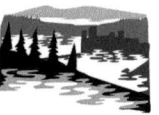

niebla

toman

humedad ambiente

dımlılıq

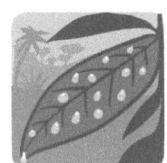

relámpago	trueno	tormenta
yəşen	kük kükrəw	dawıl

 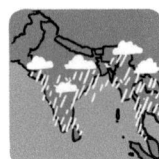 

granizo	monzón	inundación
boz	musson	su basu

  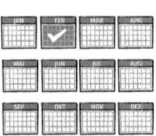

hielo	enero	febrero
boz	Qırlaç	Aqman

marzo	abril	mayo
Buşay	Yañarış	Saban

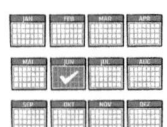 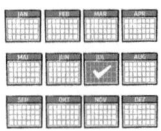 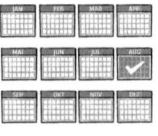

junio	julio	agosto
Çereşmə	Peçən	Uraq

año - yıl

septiembre
Indır

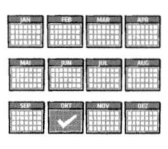
octubre
Bilek

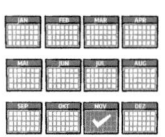
noviembre
Qaraköz

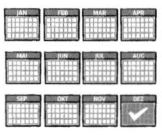
diciembre
Kerəw

formas
şəkellər

círculo
tügərək

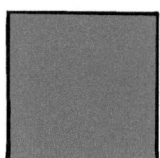
cuadrado
dürtkel

rectángulo
turıpoçmaq

triángulo
öçpoçmaq

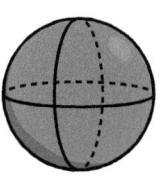
esfera
körrə

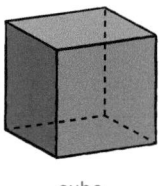
cubo
kub

colores
töslər

blanco
aq

amarillo
sarı

anaranjado
qızğılt sarı

rosa
al

rojo
qızıl

lila
şəməxə

azul
zəñgər

verde
yəşel

marrón
körən

gris
sorı

negro
qara

opuestos
qapma-qarşılıqlar

mucho / poco

küp / az

enojado / calmado

usal / tınıç

bonito / feo

matur / yəmsez

comienzo / fin

baş / axır

grande / pequeño

zur / keçkenə

claro / oscuro

yaqtı / qarañğı

hermano / hermana

abıy, ene / apa, señel

limpio / sucio

taza / pıçraq

completo / incompleto

təmam / təmamlanmağan

día / noche

kön / tön

muerto / vivo

üle / tere

ancho / angosto

kiñ / tar

disfrutable / no disfrutable

aşarğa yaraqlı / aşarğa yaraqsız

malo / amigable

yaman / yaxşı

excitado / aburrido

dulqınlanğan / yalıqqan

gordo / delgado

yuan / yabıq

primero / último

berençe / soñğı

amigo / enemigo

dus / doşman

lleno / vacío

tulı / buş

duro / suave

qatı / yomşaq

pesado / liviano

awır / ciñel

hambre / sed

açlıq / susaw

enfermo / saludable

awıru / sələmət

ilegal / legal

qanunsız / qanunlı

inteligente / tonto

aqıllı / aqılsız

izquierda / derecha

sul / uñ

cercano / lejano

yaqın / yıraq

nuevo / usado
yaña / qullanılğan

nada / algo
hiçnərsə / nərsədər

viejo / joven
ölkən / yəş

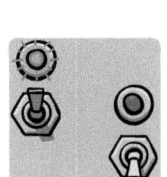

encendido / apagado
ızdırılğan / sünderelgən

abierto / cerrado
açıq / yabıq

bajo / fuerte
tawışsız / göreltele

rico / pobre
bay / yarlı

correcto / incorrecto
dörəs / yalğış

áspero / liso
qıtırşı / şoma

triste / alegre
küñelsez / küñelle

breve / extenso
qısqa / ozın

lento / veloz
aqrın / tiz

mojado / seco
dımlı / qorı

caliente / frío
cılı / salqın

guerra / paz
suğış / tınıçlıq

números
sannar

0 cero / sıfır

1 uno / ber

2 dos / ike

3 tres / öç

4 cuatro / dürt

5 cinco / biş

6 seis / altı

7 siete / cide

8 ocho / sigez

9 nueve / tuğız

10 diez / un

11 once / unber

12 doce / unike

13 trece / unöç

14 catorce / undürt

15 quince / unbiş

16 dieciséis / unaltı

17 diecisiete / uncide

18 dieciocho / unsigez

19 diecinueve / untuğız

20 veinte / yegerme

100 cien / yöz

1.000 mil / meñ

1.000.000 millón / million

números - sannar

idiomas
tellər

inglés — inglizcə

inglés estadounidense — Amerika inglizcəse

chino mandarín — Mandarin qıtayçası

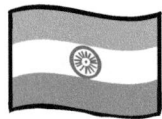 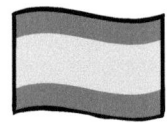 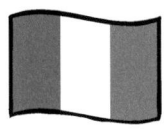

hindi — hindi

español — İspança

francés — Fransızça

 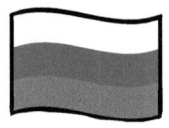 

árabe — Ğərəpçə

ruso — Rusça

portugués — Portugalça

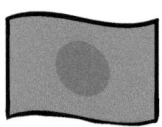  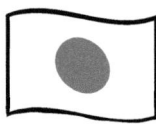

bengalí — Bengali

alemán — Almança

japonés — Yaponça

quién / qué / cómo
kem / nərsə / niçek

yo
min

tú
sin

él / ella
ul / ul / ul

nosotros
bez

vosotros
sez

ellos
alar

¿quién?
kem?

¿qué?
nərsə?

¿cómo?
niçek?

¿dónde?
qayda?

¿cuándo?
qayçan?

nombre
isem

donde
qayda

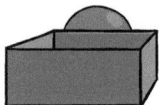

detrás
artta

en
eçendə

delante de
aldında

encima de
östendə

sobre
östendə

debajo de
astında

junto a
yanında

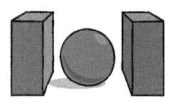

entre
arasında

lugar
urın